# L'ESCRIME

## PRATIQUE

### OU

## PRINCIPES

### DE LA SCIENCE

## DES ARMES.

Par Daniel ô Sullivan, Maître
en faits d'Armes des Académies du Roi.

A PARIS,

Chez Sébastien Jorry, Imprimeur - Libraire
Rue & vis-à-vis la Comédie Française, au
Grand Monarque.

M. DCC. LXV.

*Avec Approbation.*

# INTRODUCTION.

LA Science des Armes est incontestablement & la plus utile & la plus distinguée. Elle est la plus distinguée, puisqu'elle fait partie des Elémens Militaires dont elle est en quelque sorte la baze : elle est la plus utile, puisqu'elle n'a pour objet, dans son principe, que la défense du Prince, & celle de la Patrie. Tel est le point de vüe sous lequel on doit envisager cet Art; mais

A ij

aux qualités qu'il réunit, on doit en ajouter encore une, c'est la Sureté ; car cette Science est plus ou moins sûre, suivant les Principes dont on fait usage ; & les Principes seuls en déterminent les risques ou la Sûreté. Cette Sûreté consiste également dans tous les coups, & ne consiste que dans un seul qu'il s'agit de porter avec justesse & conformément aux Principes, de manière que, si on réduit cette Science aux Principes les plus simples, on verra qu'elle confiste réellement en très-peu de chose, & que la multiplicité des coups n'en fait point le mérite. Cet Art est puisé dans les mouvemens de la Nature qu'il s'agit uniquement de saisir ou de tromper, de sorte que, plus les Principes se rapprochent de la Nature, plus l'exécution en est sûre & facile. La source de tant d'accidens qui arrivent journellement, ne provient que de la différence des Principes dont on fait usage, d'avec ceux que

A ij

je preſcris, de leur éloigne-
ment aux Principes de la Nature & de ce Siſtême ancien &
défectueux, uſité depuis ſi long-
temps dans les Armes. Je n'en-
treprens point de réfuter ce
Siſtême, ni de contredire les
Principes adoptés par la plu-
part des Maîtres. Je me con-
tenterai de réfuter, à la fin de
cet Ouvrage, quelques-uns de
ces coups vicieux qui ſont toujours mis en uſage, & je laiſſe
à décider d'après l'exécution,
ſi les miens doivent l'empor-

ter sur les autres, & si ma Méthode est plus sûre & plus aisée.

Plusieurs Maîtres ont entrepris de traiter de l'Art que j'exerce, mais ils l'ont fait sans succès pour eux-mêmes & sans fruit pour les autres : des Estampes moins bonnes que belles ont fait tout le mérite de leurs Ouvrages.

Rien de si simple ni de si facile que l'Exercice des Armes, pourvû toutes fois que les Principes de cette Science foient démontrés avec ordre & défintéreffement.

Ces deux conditions font effentielles ; car fi les Principes n'ont ni fuite ni liaifon, il eft inconteftable que l'Eleve travaille fouvent fans fuccès, toujours avec peine, & finit, ou par fe dégouter de cette Science, ou par la méprifer.

D'un autre côté, fi l'intérêt eft le premier Maître, on embrouille néceffairement l'Ecolier pour retarder fes progrès, de forte qu'un Eleve emploie.

ra souvent quatre années & plus pour commencer à raisonner seulement d'un Art dans lequel il aurait pû lui-même devenir Maître en moins d'un an : ce que je dis n'est point un paradoxe, j'en ai des preuves multipliées.

Je dois, à cet égard, rendre justice à quelques-uns de mes Confrères qui ont rendu leur réputation célèbre & par leur zèle à faire promptement des Eleves qui leur font honneur, & par la justesse, l'ordre & la

précifion des Principes qu'ils
enfeignent. Auffi, le Corps des
Maîtres en faits d'Armes, au-
trefois décrédité par l'efpèce
de Sujets dont il était compo-
fé, par l'incapacité des Maîtres
& par les fentimens dont la
plûpart étaient animés, re-
prend de nos jours un nouvel
éclat, & commence à fe rendre de plus en plus digne des
prérogatives diftinguées dont
les Souverains l'ont honoré.

Je ne prétens faire ici l'a-
pologie, ni du Corps dans le-

quel j'ai l'honneur d'être ad-
mis, ni de l Art dont j'exerce
la profession, mais je crois devoir expofer & réfuter tout à
la fois quelques uns des motifs
qui, dans l'efprit de quantité
de perfonnes, jettent fouvent
le difcrédit fur l'Exercice & la
Science des Armes.

L'Exercice des Armes réunit
deux qualités inféparable , l'a-
gréable & l'utile. L'Agréable, en
ce qu il offre à la jeune Noblef-
fe & aux Perfonnes bien nées
un amufement diftingué ; l'Uti-

le, en ce qu'il sert à former le corps, à le rendre souple, liant, en un mot, à lui donner une certaine aisance naturelle, avantage qui lui est commun avec quelques autres exercices du corps : mais un avantage utile, qui est particulier à cette Science, c'est de procurer aux Citoïens les facilités d'une défense honorable, dans ces momens où l'honneur & la vie sont exposés aux attaques d'un ennemi mal intentionné.

Cependant, malgré les avantages

tages de cet Art, une partie du Public le regarde comme nuisible & dangereux; comme nuisible, en ce qu'il rend l'esprit vétilleux, le cœur libertin & qu'il tend à multiplier le nombre de cette espèce de gens connus sous le nom de *Tagageurs*; comme dangereux, en ce que, malgré l'exercice, le sort des Armes est souvent incertain, & qu'on a vu des Amateurs renommés, & même des Maîtres tués par leurs pro-

B

pres Eleves, ou par des Sujets médiocrement inftruits.

Telle eft, en général, l'Opinion, ou plutôt le Préjugé vulgaire fur les Armes & fur ceux qui, par Etat ou par amufement, fe livrent à cet exercice; mais rien n'eft fi facile à détruire que ces Opinions populaires. Premierement, les Salles d'Armes font aujourd'hui compofées de toutes Perfonnes bien nées à qui l'on apprend, non-feulement l'Art de fe défendre avec honneur, mais encore celui de se comporter avec prudence dans le Monde & avec politesse dans la Société, de manière que ceux, en qui l'on reconnaît un caractère tur- bulent & Tapageur, sont, par cette raison là même, exclus des Salles aussi-tôt qu'ils y sont connus. Ainsi, quant à ce pre- mier objet, l'Opinion vulgaire se trouve dissipée. Maintenant, pour détruire l'idée du Public sur l'incertitude du sort des Armes dans les combats singu- liers, il ne s'agit que de re-

monter à la source des principes de la Science des Armes.
J'ai dit précédemment qu'ils
devaient être guidés sur les
mouvemens de la Nature ; je
le répete encore, & le plus
adroit Tireur qui s'en écartera
deviendra par là même égal à
tout homme dénué des moin-
dres principes.

Il est, dans la Nature, une
manière de se défendre dans
tel Combat & à telle Arme
que ce soit, de sorte que celui qui n'a pas les principes de

l'Art, a néceſſairement ceux de la Nature ; au lieu que celui qui poſſède les premiers, s'écarte ſouvent des derniers. Deux Athlètes, dans cette hipothèſe, ont une ſupériorité reſpective l'un ſur l'autre, de façon que chacun d'eux faiſant uſage, l'un des principes de l'Art & l'autre de ceux de la Nature, réuſſiront tous deux dans une attaque. En effet, un homme exactement neuf dans l'Art des Armes voïant le plaſtron de ſon Adverſaire abſolument

couvert par la position de son
Epée, ne cherchera point à dé-
ranger sa situation, dans la
crainte d'être atteint de la
pointe dirigée vers lui ; il se
contentera de tirer à bras racourci, sans règle ni méthode,
dans les autres parties du corps
qui sont a découvert, ou trouvera moïen d'écarter le fer par
un liement d'épée, & multiplie-
ra, sans ordre ni mesure, des
coups auxquels l'Adversaire
n'osera riposter, pour éviter le
Coup fourré. Un coup mal ajus-

té rendra par conséquent l'A-
thlete instruit victime & de
son propre savoir & de l'igno-
rance de son Adversaire : mais,
si, au lieu de se mettre en garde,
comme il est d'usage entre les
Amateurs, le Combattant ex-
périmenté présente à son Adversaire un jour marqué en
Quarte, le mouvement de la
Nature porte celui-ci à préci-
piter son fer dans ce jour; or
dans ce cas, il est sûr d'etre
touché; une parade du demi-

Cercle suivie d'une Riposte termine le combat.

Cet ainsi que tout homme, qui se voit obligé de se défendre contre un inconnu, doit en agir. Si les combattants sont également expérimentés, ils ne donnent point dans ces sortes de piéges, & c'est alors qu'on a recours aux principes de l'Art.

Cet exemple, en passant, suffit pour démontrer la certitude des Armes, lorsqu'on fait réunir les principes de l'Art à ceux de la Nature, & pour prouver la frivolité du sistême populaire.

J'ai tâché de rendre cet Essai le plus succint qu'il m'a été possible : si le Public paraît le gouter, je tâcherai de lui donner par la suite un Ouvrage plus étendu. J'ai regardé comme inutile de grossir ce volume par des Estampes qui ne seraient d'aucun secours, en ce qu'elles ne peuvent représenter qu'une seule position dans chaque coup, au lieu que

souvent un même coup en ren
ferme plusieurs qu'il faudrait
également pouvoir exprimer.

Je m'attens à essuier de la
part de ceux qui ont reçu ou
enseigné des principes différens
des miens, des Critiques peut
être peu réfléchies. Je ne me
propose d'y répondre qu'en dé-
montrant mathématiquement
la vérité de ce que l'on pourrait me contester : ma Salle *
offrira, aux Personnes qui dou-

---

* La Salle du Sieur ô Sullivan est rue
du Jour Saint Eustache en face du Portail.

teront, la certitude des principes que j'enseigne ; & l'expé-
rience justifiera ce que j'avan-
ce dans le cours de mon Ouvrage. J'exhorte & j'engage
les Amateurs à m'honorer de
leurs observations, décidé à les
convaincre, ou à ceder si je
suis en defaut ; de tout temps
le public m'a servi de Maître,
puisque l'exemple d'autrui seul
& les observations que les
Amateurs ont daigné me faire m'ont amené au point ou
j'en suis maintenant, si je suis

dans le cas de prouver une forte de capacité dans mon Art,
je ne la dois qu'à l'indulgence
du public & je me ferai toujours un devoir de lui en té-
moigner ma reconoiſſance par
une égale déférence aux ſages
avis dont il voudra bien m'honorer.

L'ESCRIME

# L'ESCRIME PRATIQUE
## *O U*
## LA SCIENCE
## DES ARMES.

## ARTICLE PREMIER.
*Des Parades usitées dans les Armes.*

IL y a deux Parades simples dans les Armes ; la première de Quarte, & la seconde, de Tierce.

C

Deux Parades de Contre : une
de Quarte, lorsqu'on eſt engagé en
Quarte ; & une de Tierce, lorsqu'on
eſt pareillement en Tierce.

La Parade de Tierce eſt fauſſe,
lorsqu'on eſt en meſure, ainſi que
le demi-Contre de Tierce, parce
qu'il réſulte ſouvent des inconvéniens de ces deux Parades, vû que
le Coup décidé avec vîteſſe dans
une de ces Parades, eſt ramené au
viſage : il n'y a même que deux Ripoſtes, l'une eſt de parer du Contre
de Tierce pour tirer Tierce, l'autre
eſt de parer de même pour tirer Seconde ; ce ſont les Ripoſtes les plus
en uſage. Cependant on peut ſe ſer-
vir de ces deux Parades étant hors

de mesure, elles vous donnent l'a-
vantage de passer où de donner un
Coup de foüet qui sert de Désarmement.

On tire plus d'avantage du Contre
de Quarte par le nombre des coups
qu'il sert à parer, tels que le Coup
droit, la Quarte basse, le Dégagement en Quarte sur les Armes, la
Feinte en Quarte sur les Armes
pour tirer Quarte en-dedans, la dou-
ble Feinte, le Coupé sur pointe, le
Coupé pour revenir de Quarte en-
dedans, le Coupé & marqué Feinte en Quarte pour tirer Seconde, le
Battement d'Epée, le Battement
pour dégager, le Battement & la
Feinte marquée en Quarte sur les Ar-

mes pour tirer Quarte en-dedans, le Battement & Coupé, le Battement coupé pour revenir de Quarte en-dedans les Armes, le Battement coupé pour marquer Feinte en Quarte & tirer Quarte fur les Armes, le Battement coupé pour tirer Seconde, toutes les Feintes fur pointe : le Contre de Quarte pare également les mêmes coups fur la Retraite.

Le demi-Contre de Quarte qui se fait étant engagé en Quarte fur les Armes pare les quatre coups suivans.

Le Coup droit en Quarte fur les Armes, Quarte en-dedans, la Feinte de Quarte pour tirer Quarte fur les Armes, & le coup de Seconde.

Le demi-Cercle pare les mêmes coups que le demi Contre de Quarte , sans avoir le même avantage pour les Ripostes.

La Parade de Prime pare les mêmes coups que le demi-Cercle , & la Riposte en est beaucoup plus vive.

La Parade d'Octave sert pour les Coups bas.

La Parade Naturelle n'est usitée que par les Personnes qui n'ont reçû aucun principe ; il n'y a qu'un seul coup à tirer de chaque côté dans cette Parade, & qu'une seule Riposte , mais elle ne peut réussir qu'après avoir donné un Jour.

## ARTICLE II.

### *Des Principes suivis réduits en Pratique ou Leçon d'Armes.*

APRÉS avoir bien mis un Ecolier sous les Armes, soit pour mar-
cher, soit pour rompre, & que
vous l'avez habitué à retenir le
corps, ( Point le plus essentiel ) vous
le disposés à apprendre la Leçon dans
l'ordre qui suit pour le conduire in-
sensiblement à l'Assaut.

On tire un coup de Quarte droite jusqu'à sa perfection & lorsqu'il
est paré de Quarte, l'Ecolier se relè-
ve en parant aussi de Quarte ; après
ce coup on dégage de Quarte sur

les Armes en enlevant bien le coup ,
& lorſqu'il eſt paré du Simple , on
fait un coup de Repriſe qui pare le
coup de Seconde que l'on pourrait
vous ripoſter , on ſe remet ſur les
Armes en Quarte & l'on marque une
Feinte ſur les Armes , ayant le bras
bien flexible pour tirer Quarte en-
dedans , ſi ce coup eſt encore paré
du Simple , on ſe releve , & l'on
marque deux Feintes ſur la même ligne pour tirer Quarte ſur les Armes ;
lorſque ce coup eſt interrompu par
un Cercle , on ſe releve , on marque une Feinte en Quarte ſur les Armes près de la garde , & l'on trompe le Cercle ; pour lors le coup ſe
trouve frappé en-dedans les Armes.

Si , en répétant le coup, il eſt paré d'Octave, on ſe releve par un demi-Contre de Quarte , pour lors on marque une Feinte ſur les Armes , & une autre ſur l'Octave en tournant le poignet , pour tirer Quarte droite , & ſur ce même coup ſi l'on pare par le demi-Cercle l'Octave & le demi-Contre de Quarte , on marque une Feinte ſur les Armes , & une autre ſur l'Octave pour tirer Quarte ſur les Armes : s'il arrive encore que l'on pare ce coup par le demi-Cercle , l'Octave , le demi-Contre , & Simple , alors on marque une feinte ſur les Armes , une ſur l'Octave , & une autre ſur les Armes pour tirer le coup en Quarte en dedans, en la paffant bien par deffous le bras.

Tous les Coups ci-deffus peuvent fe rencontrer dans un Affaut & ne font donnés dans l'ordre de cette leçon , que pour procurer la retenue du corps à un Commençant , attendu que la variétè de ces coups forme la main , & facilite beaucoup les fuivans.

Etant engagé en Quarte fur les Armes , on tire Quarte fur les Armes en évitant le fer , & lorfque ce coup eft paré du Simple , on fait un Coup de Reprife , en fe relevant le bras bien fléxible pour repréfenter la Quarte fur les Armes ; & lorfqu'on fent de la réfiftance fur le fer, on tire le coup, en le paffant par deffous le bras en Quarte dans les Armes ; fi on pare ce coup du Simple, il faut marquer une Feinte en Quarte dans les Armes fur la même ligne, pour tirer Quarte fur les Armes ; & s'il eft encore paré du Simple, ce qui forme deux Parades, on marque pour lors une première Feinte en Quarte dans les Armes fur la même ligne, & la feconde fe montre en Quarte fur les Armes, alors on l'alonge pour tirer le coup en paffant par deffous le bras en Quarte dans les Armes. Si ces coups font interrompus par un Contre de Tierce, il faut appuyer un peu fur le fer & le tromper en tendant bien le bras, le coup se trouvera frappé en Quarte dans les Armes ; & si après la Parade du Contre de Tierce, on revenait par un Simple de Quarte, vous trompés la Parade & marqués sur la même ligne une Feinte de Quarte pour tirer Quarte sur les Armes ; il pourrait bien se faire que l'on parât ce même coup par un Contre de Tierce & deux Simples ; il faudrait pour lors tromper le Contre, marquer une Feinte sur la même ligne en Quarte dans les Armes, & une autre sur les Armes que vous alongeriés pour tirer le coup, en le passant par dessous le bras en Quarte dans les Armes : si au lieu du Contre de Tierce, on se servait du demi-Cercle pour Parade, il faudrait tromper seulement le Cercle & si après le Cercle on revenait à la Parade par l'Octave, vous pourriés faire sur cette dernière Parade tous les coups déjà expliqués sur l'Octave en Quarte dans les Armes.

Etant engagé en Quarte dans les Armes, il faut observer, si la Personne a le poignet bas & la pointe haute, de lui faire un Coupé sur pointe en Quarte sur les Armes, & lorsque l'on va à la Parade, le coup ayant été tiré bien à fond, vous faites un Coup de reprise ; si au contraire le Coupé n'était

tait

tait pas tiré à fond, le coup de reprife ne ferait pas jufte, & il ferait à propos de fe relever par une Parade de demi-Cercle & la Ripofte fera de Quarte droite ; le coup fuivant eft un Coupé fur les Armes pour revenir Quarte en-dedans, l'on ne peut parer ce coup par un Simple qu'en baiffant le poignet, pour lors vous faites le même Coupé & marqué une Feinte en Quarte en-dedans fur la même ligne pour tirer Quarte fur les Armes ; on pourra également parer ce même coup par deux Parades fimples, pour lors vous coupés, marqués une Feinte fur la même ligne en Quarte en-dedans, & vous montrés la

D

Seconde en Quarte fur les Armes
que vous alongés par deſſous le bras
pour tirer Quarte en-dedans ; lorſque vous repréſentés le même coup,
en faiſant votre Coupé , on peut
vous interrompre par un Contre de
Tierce ou une Parade de Cercle,
alors vous marqués un Coupé , &
vous trompés le Contre ou le Cercle.

Etant engagé en Quarte fur les
Armes , vous faites un Coupé fur
pointe en Quarte en-dedans ; mais
ce coup n'eſt pas ſûr , à cauſe de
la Ripoſte ; il n'eſt bon que pour
préparer les coups ſuivans : cependant on le parera de Quarte , pour
Ripoſter Quarte droite ; après ce

coup, vous coupés en Quarte en dedans, pour dégager Quarte fur Armes ; on parera en Simple de Tierce, pour lors vous marquerés un Coupé en Quarte en-dedans, une Feinte fur les Armes, pour tirer Quarte en-dedans ; ce coup fera peut-être paré du Cercle, ou du Contre de Tierce ; auffitôt vous marqués un Coupé en Quarte en dedans, une Feinte fur les Armes, & vous trompés la Parade du Contre de Tierce.

Etant engagé en Quarte dans les Armes, fi l'on fe fert de la Parade du Contre de Quarte, tous les Coups Simples deviennent inutiles.

Pour éviter cette Parade, il faut appuyer un peu fur le fer & lorfque vous fentés de la réfiftance, vous enlevés un Coup de vîteffe, on peut encore fur le même Coup, en appuyant fur le fer, tromper la Parade & pour le Coup fuivant, fi on ne fent aucune réfiftance, il faut tromper la Parade du Contre, & marquer une Feinte fur les Armes, pour tirer Quarte en-dedans en paffant bien le Coup pardeffous le bras ; on pourra parer ce dernier Coup par le Contre & le Cercle, pour lors il faudra tromper le Contre & marquer une Feinte fur les Armes près de la garde, & vous tromperés le Cercle, par ce moyen les deux Parades se trouveront trompées : on peut également tromper la Parade du Contre en restant un demi Temps, pour faire un Coupé sur pointe en Quarte sur les Armes.

## ARTICLE III.

### *Des Battemens d'Epée.*

Lorsque l'Adversaire a le bras tendu, vous battés l'Epée, & tirés Quarte droite ; on peut aussi dégager, ou bien marquer une Feinte sur les Armes pour tirer Quarte en-dedans suivant les Parades.

D iij

Ces Battemens d'Epée dérangent beaucoup les Contre lorſqu'ils ſont bien pris.

L'ordre de tous ces Coups conduit, aux Aſſauts, ſans cependant le ſuivre également, attendu qu'il faut varier les Coups ſuivant les Parades que l'on vous oppoſe : ſi c'eſt en Parades Simples, il y en a trois de chaque côté pour les meilleurs Coups, en s'attachant à tous ceux qui ſont paſſés par deſſous le bras ; ſi c'eſt en Parade de Contre de Quarte, il n'y a que quatre Coups à obſerver, pour celle du Contre de Tierce deux Coups, pour le Cercle quatre Coups, pour le demi-Contre de Tierce deux

Coups, pour celui de Quarte deux
Coups, pour le demi Cercle &
Octave qui font des Parades fui-
vies cinq Coups, pour celle de
Prime quatre Coups, enfin pour
la Parade naturelle un Coup de
chaque côté.

## ARTICLE IV.

### *Des Ripostes.*

TOUTES les Personnes qui sont surprises par la variété des Coups en prennant le défaut de Parades ne peuvent point avoir les Ripostes vives.

Si la Personne a la pointe haute & le poignet bas, on peut employer les Parades Simples; si au contraire la Personne a la pointe légére, on peut se servir des Contre, des demi-Contre, & du Cercle.

Si l'Adversaire était engagé en

Quarte fur les Armes la pointe haute & qu'il tirât Quarte en-dedans,
vous parés le Coup par un Simple
de Quarte en ferrant le poignet &
en l'oppofant, ce qui rend la Parade sèche & foutenue, pour lors
le Coup eft frappé en Quarte, &
fur le même Coup, fi la Parade n'é-
toit point sèche, & que l'Adverfaire, fur la Retraite, appuyât fur
le fer, il faudrait dégager en Quarte fur les Armes, en levant bien
le poignet, & fi l'adverfaire parait
cette Ripofte par un Simple, il fau-
droit faire un Coup de reprife qui
parerait le Coup de Seconde de
l'Adverfaire & ferait rencontrer les
deux gardes, & fi on retombait

dans cette dernière Parade , il faudrait , après s'être relevé par un demi-Contre , marquer une Feinte en Quarte fur les Armes pour tirer Quarte en-dedans.

Sur les Ripoftes Simples , fi l'Adverfaire , après avoir tiré le Coup , fe reléve la pointe haute , vous lui tirés un Coupé fur pointe en plongeant la pointe avant que le corps parte ; on peut faire également fur cette Ripofte un Coupé pour revenir Quarte en-dedans , ou bien un Coupé & une Feinte marquée en-dedans pour tirer Quarte fur les Armes. On pourrait encore doubler les Feintes pour tirer Quarte en-dedans, mais cela ne se fait que rarement sur la Retraite.

Si l'Adversaire, après avoir tiré le Coup, se relevait par un Contre de Quarte, toutes les Parades & Ripostes ci-dessus deviendraient inutiles; il faudrait tromper la Parade du Contre pour tirer Quarte sur les Armes, & si l'on parait cette Riposte par un Contre & un Simple, il faudrait tromper le Contre & tirer un Coup de reprise, & après ce Coup, on peut tromper le Contre & marquer une Feinte en Quarte sur les Armes pour tirer Quarte en-dedans, voilà les Ripostes qui peuvent se faire sur le Contre de Quarte.

Etant engagé en Quarte en-dedans pour tirer Quarte sur les Armes, si l'Adversaire parait de Tierce pour Riposter de même, il faudrait, pour éviter cette Riposte, lâcher le Coup en Prime, pour tirer de même, parce que si vous faisiés sur la Parade de Tierce le Coup de Reprise, par la Riposte de Tierce de l'Adversaire, le Coup deviendrait Fourré.

Après avoir paré de Tierce on peut Riposter de Seconde, & si le Coup n'était pas tiré bien à fond, pour éviter cette Riposte, on peut se relever par un demi-Cercle, ou par l'Octave qui pare & frappe le Coup en même temps, sur le Contre de
Tierce

Tierce on peut faire les mêmes Coups, je dis les mêmes Ripoftes que fur les Simples, comme fur le demi-Contre de Tierce & celui de Quarte.

Après avoir paré du demi-Cercle, la Ripofte eft droite; fi l'Adverfaire voulait parer cette Ripofte en levant la pointe, ce qui forme un Simple, le Coup eft également frappé, ne trouvant que le fort de l'Epée, ce qui donne occafion, ayant fait la même Parade, de tirer un Coupé fur pointe, il eft à propos après la Parade du demi-Cercle, pour éviter la Ripofte, de fe relever par un demi-Cercle qui vous conduit à l'Octave & au demi-Contre de Quarte en suppofant qu'on trompât la Parade. Si, après la Parade du Cercle, on fe trouvait un peu ferré de mefure, il ferait bon de tourner le poignet pour donner la Ripofte de Prime.

Après avoir paré de Prime, la Ripofte eft de même, & fi l'Adverfaire fe reléve la pointe haute, vous parés de Prime & lui tirés un Coupé en tournant le poignet de Quarte ; & s'il pare cette dernière Ripofte, il faudra fe fervir des mêmes Principes comme dans les attaques, fuivant les Parades.

# ARTICLE V.

## *De l'Affaut.*

QUAND on commence un Affaut,
il faut obferver fi l'Adverfaire me-
nace de vous attaquer, pour lors
vous rompés, ayant le bras tendu, en lui faifant craindre la pointe,
& pares du Contre de Quarte, fi
vous êtes engagé de ce côté, ou
du Contre de Tierce fi vous y
êtes, & fi la mefure n'eft pas trop
ferrée, parce que autrement le Contre de Tierce fe trouverait faux,
& le Coup pourrait être ramené
au vifage.

E ij

Il y a trois mesures à observer
lorsqu'on vous attaque ; la première, lorsque l'Adversaire n'est pas
tout-à-fait en mesure, on lui pare Simple en Quarte ou en Tierce pour avoir la Riposte plus vive : la seconde, lorsqu'il est tout-à-
fait en mesure, il faut se servir du
Contre de Quarte étant engagé
en Quarte, ou si l'on était engagé
en Tierce ou en Quarte sur les
Armes, il faudrait se servir du demi-Contre de Quarte, parce que
cette Parade donne les Ripostes aussi vives que les Simples qui seraient
en Quarte droite : si on retombe
dans cette même Parade, on peut
faire un Coupé sur pointe en Quar-

te fur les Armes : la troisième mesure , c'eft lorfque vous avés rom-
pu plufieurs pas, & que l'Adverfaire vous pourfuit ; vous obfervés
d'avoir le fer en Quarte fur les
Armes, pour tirer le Coup de temps
en Quarte en dedans, c'eft le Coup
de temps le plus fûr ; néanmoins,
fi la Perfonne marchait à vous la
pointe haute & le poignet bas , on
pourrait l'arrêter d'un Coup de
Quarte fur les Armes pour Coup
de Temps.

Lorfque l'on rompt , c'eft pour
obferver tous les mouvemens que
l'Adverfaire fait , parce que s'il
faifait des mouvemens faux & con-
traires aux Principes des Armes ,

il faudrait lui préfenter des Jours
dans lefquels il donnerait , pour
lors la Ripofte ferait fûre.

*Jour du demi-Cercle.*

Les Jours les plus fûrs que l'on
puiffe donner font , premièrement
d'engager le fer en Quarte fur les
Armes , en donnant un Jour du
demi-Cercle , alors la Ripofte droite en Quarte en-dedans devient
fûre , & fi l'Adverfaire héfite de tirer , vous lui faites un Battement
d'Epée qui fera pris à deux pou-
ces de la pointe par un Coup fec
& foutenu , ce qui formera un
défarmement , & en fuppofant que
l'Epée ne tombât point , elle fera

fuffifamment dérangée pour què l'Adverfaire reçoive le Coup qui fera de Quarte fur les Armes ; s'il tire dans le Jour par un demi Coup pour vous obliger à la Parade , il ne faut point la chercher , mais tirer feulement un Coup droit qui formera un Coup de Temps ; il faut encore obferver que s'il trompe le Jour que vous lui donnés par un demi-Cercle , vous l'arrêtés par l'Octave en tirant le Coup qui fe trouve paré & frappé en même temps ; tels font les inconvéniens qui peuvent furvenir dans ce Jour-là & les avantages que l'on peut en tirer.

*Jour de Quarte en-dedans les Ar-*
*mes, pour faire tirer Quarte sur*
*les Armes.*

Si l'Adverſaire enléve le Coup,
vous parés de Tierce Simple pour
Ripoſter Seconde, mais il y a un
inconvénient dans ce Jour, c'eſt
que, ſi le corps de celui qui tire
pare avant la main, vous manqués
le fer, pour lors le Coup ſe trouve porté très-bas, celui qui tire
dans ce Jour pourrait également
faire une Feinte en Quarte ſur les
Armes pour tirer Quarte en-dedans, ce qui ferait très-difficile à
parer : c'eſt ce qui prouve que ce
Jour eſt moins avantageux que celui du Cercle.

## *Jour de Prime.*

Pour donner ce Jour, il faut être un peu de près & engager le fer de l'Adverſaire en Quarte ſur les Armes, & l'éloigner un peu, parce que, quand il tire dans ce Jour, il faut élever le poignet en Tierce les ongles bas, & vous Ripoſtés le Coup droit; ſi l'on trompe la Parade, il faut obſerver de faire les mêmes Coups qui ſont expliqués dans le Jour du Cercle; & lorſque vous avés paré de Prime, vous pouvés Ripoſter par un Coupé ſur pointe en-dedans en obſervant de tourner le poignet les ongles en haut ſur Quarte, on peut

encore après avoir paré de Prime
montrer le Coup en Quarte droite
pour dégager Quarte fur les Armes, & le même Coup peut fe
faire en y ajoutant Feinte fur les
Armes pour porter Quarte en-dedans. Si lorfque l'on donne ce Jour
l'Adverfaire héfitait à tirer dedans,
on aurait à faire le même battement
d'Epée indiqué au Jour du Cercle.

Sur la Parade de Prime, retirer
le pied gauche en arrière en appro-
chant du droit, faire un Battement
d'Epée, en ferrant le poignet en
Quarte, fur lequel on peut tirer Quarte droite.

On peut, fur la même Parade de
Prime, en lâchant le pied droit der-

riere le gauche, faire paſſer ſon fer au-delà de la pointe de l'Adverſai-re que l'on tient pour lors en Tier-ce, ce qui fait un Déſarmement ſûr que l'on peut pratiquer ſur tous les Coups; ſi néanmoins le fer de l'Adverſaire ne tombe point il ſera fort ébranlé, & ſon mou-vement naturel ſera de ſe repréſen-ter en garde, alors il ſera à pro-pos, en lâchant le pied gauche pour ſe remettre ſoi-même en garde, de donner un Coup de Fouet Simple de Tierce qui certainement fera tomber le fer de l'Adverſaire, dé-jà ébranlé du Coup précédent : il faut obſerver qu'en faiſant ces deux Déſarmemens, on ne riſque rien, attendu que l'on eſt hors de meſure & que tous les Déſarmemens uſités anciennement dans leſquels, en gagnant le fer, on cherche à ſaiſir le poignet de ſon Adverſaire, ſont abſolument faux ; car, ſur ceux en Tierce, on peut être frappé du Coup de Repriſe, ou ſi l'Adverſaire force du pied gauche on ſe prend au collet ſans pouvoir rien faire ; & ſur ceux en Quarte, ſi l'Adverſaire ſait débaraſſer ſon fer on le frappe d'un Coup de Quarte en tournant le poignet, les ongles en bas, & ſe relevant en préſentant Quarte ſur les Armes ; on ne peut éviter que très - difficilement cette botte.

*Jour*

## Jour du demi-Contre.

Il faut que le fer de l'Adverfaire foit engagé en Quarte fur les Armes, pour lors vous formés une
échancrure du poignet, ce qui
forme le Jour, & lorfque l'Adverfaire tire dedans & qu'il appuie
un peu fur le fer, le Coup fe trouve paré facilement, & la Ripofte
doit être en Quarte droite. Et
dans ce Jour, après avoir paré, on
peut faire un Coupé fur pointe en
Quarte fur les Armes, & pour faire ce Coupé fur pointe, ainfi que
tous les autres Coupés avec aifan-
ce, il faut tenir le fleuret la pointe haute en faifant mouvoir le pe-

tit doigt & l'annulaire, & lorsque vous jettés le Coupé, vous
serrés la poignée du fleuret du
pouce & des deux doigts suivans,
en lâchant les deux autres, ce qui
rend le Coup juste & assuré.

### *Jour du Contre de Quarte.*

Il faut que le fer de l'Adversaire soit
engagé en Quarte en-dedans ; pour
lors, vous appuiés votre fer sur celui de l'Adversaire, & lorsqu'il dégage, vous opposés un peu le poignet, les ongles en haut, pour la Parade, ce qui la facilite pour tirer
Quarte droite ; & après avoir paré du Contre, si l'Adversaire ap-

puïait le bras tendu fur votre fer,
vous dégagés votre Coup lorfqu'il
fe releve en Quarte fur les Armes.

On peut encore fur la même Parade faire une Feinte en Quarte
fur les Armes, pour tirer Quarte en-
dedans, il arrive auffi fur cette Parade que, fi l'Adverfaire après avoir
appuyé fur votre fer, fe relevait
la pointe haute, vous lui feriés un
Coupé fur pointe en Quarte fur
les Armes.

Sur cette même Parade, on peut
marquer un Coupé, la pointe droite & revenir Quarte en-dedans;
fi l'Adverfaire ne va pas à la Pa-

rade de ce Coup , vous lui marqués une Feinte de Quarte fur la
même ligne pour tirer Quarte fur
les Armes ; on pourrait de même
lui doubler la Feinte pour paffer le
Coup bien pardeffous le bras &
revenir Quarte en-dedans les Armes : il faut encore obferver avant
que de parer du Contre de Quarte fi la perfonne avait la pointe
baffe , on aurait beaucoup de peine à relever le Coup par cette Parade ; pour lors , au lieu de parer
du Contre , il faut avec vivacité
donner un Jour de Quarte en-dedans en oppofant un peu le poignet, la pointe devant être éloignée ,

& lorsque l'Adverſaire tire dedans,
vous parés du Cercle & Ripoſtés en même temps Quarte droite,
ce qui rend le Coup ſûr & juſte.

## ARTICLE VI.

*Des Attaques dans un Aſſaut.*

IL y a trois manières d'attaquer ;
premièrement, vous attaqués l'Adverſaire à petits pas, lorſque vous
n'êtes pas en meſure en tenant le
bras bien flexible, vous dégagés
ſoit en Quarte ſur les Armes, ou
en dedans, pour connaître la Parade que l'on vous oppoſe, afin
dedécider votre Coup ; ſi le fer

reſte engagé en Quarte ſur les
Armes, vous tendés le bras avant
que le corps parte & ſi vous ſentés de la réſiſtance ſur votre fer,
vous paſſés le Coup bien déploié
par deſſous le bras, il ſe ttouvera
frappé en Quarte en-dedans &
l'adverſaire ne rencontrera, par ſa
Parade Simple, que le fort de l'E-
pée auprès de la garde; ſi vous
vous trouvés encore une fois engagé du même côté, vous tendés
toujours le bras avant que le corps
parte; & ſi vous ne ſentés aucune
réſiſtance ſur votre fer, vous enlevés le Coup en Quarte ſur les Armes; mais ſi l'Adverſaire vient ſur
ce Coup à la Parade, vous lui

donnés un Coup de Reprife ; après
l'avoir livré, vous vous relevés, la
pointe droite devant vous en Quarte , & s'il fait un mouvement de
corps , vous lui tirés un Coup de
temps en Quarte dtoite, ou vous
lui marqués une Feinte en Quarte
fur les Armes pour tirer Quarte
en-dedans ; fi l'Adverfaire fe trouve avoir le poignet bas & la pointe haute, & que vous foïés engagé en Quarte fur les Armes , vous
lui faites une Feinte de Quarte en-
dedans , fur la même hauteur de
l'engagement pour tirer Quarte fur
les Armes,en enlévant bien le Coup.
Il faut encore obferver qu'étant fur
le même engagement , on peut fai-

re deux Feintes ; la première, sur la même hauteur. La seconde, vous la marqués en Quarte sur les Armes en tendant bien le bras, & lorsque l'Adversaire répond à cette dernière Feinte, vous passés le Coup bien déploïé pardessous le bras en Quarte en-dedans.

On peut encore sur le même engagement, faire un Coupé en marquant Feinte de Quarte sur les Armes, pour revenir Quarte en-dedans ; il arrive aussi, sur le même engagement, que lorsque l'Adversaire ne joint pas le fer, on peut lui faire une Feinte de Seconde pour tirer Quarte sur les Armes, & faire une Feinte de Seconde,

une de Quarte fur les Armes, afin
de tirer en Seconde; pour varier
ce dernier coup, on peut tourner
les ongles en haut & tirer Quarte en-dedans.

Tous les Coups ci-deſſus peuvent ſe tirer lorſqu'ils ſont oppo-
ſés à des Parades Simples.

Lorſque vous attaqués en marchant toujours à petits pas, vous
paſſés votre fer en-dedans qui eſt
engagé en Quarte ſur les Armes;
& ſi l'Adverſaire ſouffre cet engagement, vous lui marqués une
Feinte en Quarte ſur les Armes,
pour tirer en-dedans, & pour éviter la Parade, vous doublés la Feinte ſur la même hauteur pour ti-

rer Quarte fur les Armes, parce que fi vous alongiés la dernière Feinte qui eft Quarte en-dedans, vous pourriés trouver la garde de l'Epée qui vous empêcherait d'achever votre Feinte pour tirer le Coup.

Etant fur le même engagement qui doit être Quarte en-dedans, vous pouvez marquer un Coupé en Quarte fur les Armes pour tirer Quarte en-dedans, en obfervant, pour bien faire réuffir le Coup, de le paffer pardeffous le bras.

On peut encore fur le même engagement faire un Coupé, en marquant une Feinte en-dedans fur la même hauteur, pour tirer Quarte fur les Armes ; on peut fur le même Coup faire un Coupé , marquer la première Feinte fur la même hauteur , & alonger la seconde en la paffant bien pardeffous le bras, pour lors le Coup fera frappé en Quarte en-dedans.

Si , en attaquant par des dégagemens , votre fer eft en Quarte fur les Armes , & qu'il foit ramené par l'Adverfaire du même côté , vous appuïés un peu fur le fer pour enlever avec vigueur le Coup en Quarte fur les Armes , pour lui faire échapper le Contre , & fi vous vous trouvez fur le même engagement , vous trompez le Contre de Quarte fur la même ligne

en enlevant ben le Coup ; cependant ſi l'Adverſaire va à la Parade, vous lui donnés un Coup de
Repriſe, & après ce dernier Coup,
vous vous remettés ſur les Armes
par un demi-Contre de Quarte ;
vous vous trouvés pour lors engagé en Quarte en·dedans, & vous
trompés une ſeconde fois la Parade du Contre, en marquant une
Feinte en Quarte ſur les Armes,
pour tirer le Coup en·dedans, en
obſervant d'avoir le bras bien flexible & de bien décider le Coup
ſur la même ligne avant que le
Corps parte.

On peut de même tromper la
Parade du Contre en reſtant un
temps

temps pour enfuite porter un Coupé fur pointe en Quarte fur les
Armes : au lieu d'un dégagement,
fi l'Adverfaire fe fervait du Contre de Quarte & du Cercle pour
Parade, vous tromperiés le Contre de Quarte & marqueriés une
Feinte en Quarte fur les Armes
près de la garde pour tromper le
Cercle ou le Contre de Tierce ce
qui eft égal.

Si l'Adverfaire fe préfente toujours à la Parade du Contre le
bras un peu tendu, vous lui dé-
rangés fon Contre, par un Battement d'Epée pris à un pouce de
la pointe continué à un demi
pied, par un Coup fec, & vous ti-
G

rés pour lors Quarte droite ; on peut auſſi faire le même battement d'Epée, & dégager en Quarte ſur les Armes, ou battre l'Epée, marquer une Feinte en Quarte ſur les Armes pour tirer Quarte en-dedans, en obſervant de paſſer toujours le Coup par deſſous le bras ; il arrive encore que, ſi l'Adverſaire, ſur un battement d'Epée, retirait le bras, on peut faire un Coupé ſur pointe en Quarte ſur les Armes, ou marquer un Coupé & revenir Quarte en-dedans, en paſſant bien le Coup par deſſous le bras : on peut également ſur le même Coup, faire un Coupé, marquer une Feinte en-dedans pour tirer Quarte fur les Armes.

Si, en attaquant, vous êtes engagé en tierce, & que l'Adverfaire ramene le Coup du même côté par fa Parade, cela forme un Contre de Tierce, que vous trompés en appuïant un peu fur le fer, ce qui forme de la réfiftance & facilite le Coup pour tromper la Parade & tirer Quarte en-dedans; cependant fi l'Adverfaire vient à la Parade du Contre de Tierce, & forme une Parade Simple de Quarte, vous trompés le Contre & marqués une Feinte en-dedans pour tirer Quarte fur les Armes; & s'il arrive qu'il cherche après ce Coup la Parade par un Simple de Tierce, ce qui forme deux Parades Simples après le Contre, vous trompés le Contre de Tierce, en marquant sur la même ligne une Feinte de Quarte en-dedans, & la seconde vous l'alongés pour tirer le Coup bien passé par dessous le bras qui sera frappé en Quarte en-dedans. Il faut encore observer que, si l'Adversaire après la Parade du Contre de Tierce venait au demi-Cercle, vous doubleriés le Coup en trompant la Parade, ce qui ferait deux tours de l'Epée sans que les fers se rencontrent, le Coup se trouverait pour lors frappé en Quarte en-dedans;

les Feintes deviendraient inutiles dans ce dernier Coup, parce que l'on se trouverait arrêté par le fer de l'Adversaire.

La seconde attaque est lorsque vous êtes en mesure ; les mêmes engagemens & les mêmes Coups se font également que dans la première attaque, n'y aïant dans celle-ci que la marche de moins.

La troisième attaque en demi-Coup, est lorsqu'étant engagé en Quarte sur les Armes, vous tirés un demi Coup en Quarte en-dedans avec beaucoup d'action, pour obliger l'Adversaire à la Parade de Quarte sur laquelle vous ripos-és Quarte droite, & après ce

G iij

Coup en vous relevant vous paf-
fés votre fer en Quarte fur les Armes, vous marqués une Feinte en-
dedans fur la même ligne pour tirer Quarte fur les Armes; l'attaque ouverte en Simple, vous pouvés doubler la Feinte pour tirer
Quarte en-dedans : on peut encore
fur le même Coup, faire un Coupé en marquant une Feinte fur
les Armes pour tirer Quarte en-
dedans.

On peut, fur le même engagement, marquer une Feinte en-dedans, & couper fur pointe en Quarte fur les Armes.

Vous pouvés encore, fur le même engagement, couper fur poin-

te par un demi Coup en-dedans pour obliger l'Adverſaire à parer, afin d'avoir la Ripoſte droite, pour préparer les Coups ſuivans qui ſont après avoir tiré le premier; vous vous relevés en paſſant le fer en Quarte ſur les Armes, pour couper ſur pointe en-dedans, afin de tirer Quarte ſur les Armes, & après ce Coup vous pouvés couper ſur pointe en-dedans, marquer une Feinte ſur les Armes pour tirer Quarte en-dedans, en paſſant bien le Coup par deſſous le bras.

Etant engagé en Quarte en-dedans, vous tirés un demi Coup en Quarte ſur les Armes, pour obliger l'Adverſaire à la Parade de

Tierce afin de tirer seconde, sur laquelle vous parés du demi Cercle, pour tirer le Coup droit en Quarte, & après ce Coup, vous marqués une Feinte sur les Armes pour tirer Quarte en-dedans & sur le même Coup, étant relevé, vous faites un Coupé pour revenir Quarte en-dedans ; vous pouvés également, après ce dernier Coup, faire un Coupé & marquer une Feinte en-dedans pour tirer Quarte sur les Armes, & si l'on veut, on peut après ce Coup, faire un Coupé & doubler la Feinte pour tirer le Coup passé par dessous le bras en Quarte en dedans.

Sur le même engagement, vous

pouvés marquer une Feinte en Quarte fur les Armes, & couper fur pointe en Quarte dans les Armes.

. On peut encore fur le même engagement Couper fur pointe en Quarte fur les Armes par un demi Coup pour obliger l'Adverfaire à la Parade & vous vous relevés par un demi Cercle, & Ripoftés Quarte droite, & après ce Coup, vous Coupés & revenés Quarte en-dedans, de même vous Coupés & marqués une Feinte en-dedans pour tirer Quarte fur les Armes.

Dans les attaques en demi Coup, on peut faire un Battement d'Epée fec & foutenu, en marchant un petit pas avec vivacité, & couper fur pointe en Quarte fur les Armes pour revenir Quarte en-dedans; on peut encore, fur le même Coup, faire un Battement d'E-pée en reftant un demi temps pour obliger l'Adverfaire à tirer Quarte droite, ce qui forme un Jour dans lequel il a donné & qui vous occafionne une Parade Simple & sèche pour tirer Quarte droite.

Cette troifième attaque n'eft bonne que pour ceux qui ont les Ri-poftes extremement vives d'autant plus que l'on ne tire point les Coups à fond, pour préparer ceux qui fuivent expliqués ci-deffus,

en obſervant les Parades qui doivent diriger les Coups, & qui
ſe trouveront juſtes par ce moïen.

# ARTICLE VII.

*Attaque en Feinte ſur Pointe.*

E TANT engagé en Quarte ſur les
Armes, vous marqués une Feinte
ſur pointe en-dedans, pour tirer
Quarte ſur les Armes à fond, &
lorſque l'Adverſaire va à la Parade, vous faites un Coup de Repriſe ; étant remis ſur les Armes,
vous faites une Feinte ſur pointe
en-dedans, pour couper ſur les
Armes, & paſſer le Coup par

deſſous le bras en-dedans, & ſur le même Coup, pour éviter la Parade vous faites une Feinte ſur pointe en-dedans & vous coupés en faiſant une Feinte en-dedans, pour tirer Quarte ſur les Armes.

Etant engagé en Quarte en-dedans, vous faites une Feinte ſur pointe en Quarte ſur les Armes. pour tirer Quarte en-dedans ſans aller à fond, pour obliger l'Adverſaire à la Parade de Quarte ſur laquelle vous Ripoſtés, & tirés Quarte droite, de plus étant relevé, vous faites une Feinte ſur pointe en Quarte ſur les Armes, que vous montrés de Quarte pour dégager Quarte ſur les Armes, on peut

peut fur le même Coup faire une Feinte fur pointe en Quarte fur les Armes pour tirer Quarte en-dedans, en paffant bien le Coup par deffous le bras.

## ARTICLE VIII.

*Des Coups de Temps en mefure fur des Engagemens forcés.*

LORSQUE vous êtes engagé en Quarte fur les Armes, & que l'Adverfaire dégage fon fer, pour prendre le vôtre en Quarte en-de-dans, auffi-tôt il faut dégager pour tirer le Coup de Temps en Quar-te fur les Armes, par ce moïen vous évités fon fer, & le Coup devient fûr, d'autant plus que ce font des Engagemens forcés, & fi vous ne vous ferviés pas de cette méthode, vous pourriés recevoir des Coups bas que vous ne pourriés éviter.

Vous pouvés encore, fur le même Coup, en dégageant, lui marquer une Feinte en Quarte fur les Armes, pour tirer Quarte en-dedans, & la bien paffer par deffous le bras.

Etant engagé en Quarte en-dedans, lorfque l'Adverfaire dégage en Tierce, pour tirer Seconde, vous le prenés fur le Temps, en dégageant Quarte en-dedans, le

Coup fe trouve paré & frappé en même temps parce que cela forme une Parade d'Octave, & fur le même engagement, lorfque l'Adverfaire dégage, vous lui marqués une Feinte en Quarte en-dedans pour tirer Quarte fur les Armes.

## ARTICLE IX.

*Coups de Temps, lorfque l'Adverfaire marche fans être en mefure.*

Etant engagé en Quarte fur les Armes, lorfque l'Adverfaire marche droit en appuïant un peu fur votre fer, vous dégagés Quarte en-dedans les Armes.

Etant engagé en Quarte en-dedans, lorfque l'Adverfaire marche fur le même engagement, vous dégagés en tirant Quarte fur les Armes. Il faut de même obferver que, fi l'Adverfaire dégage en marchant, on peut lui tirer les mêmes Coups expliqués au Coup de Temps en mefure, ni aïant de différence dans ceux-ci, que la marche hors de mefure ; c'eft pourquoi il faut tirer ces Coups bien décidés, au pied levé de l'Adverfaire.

# ARTICLE X.

*Des Coups de Temps, pour ceux
qui marchent après avoir paré.*

ETANT engagé en Quarte en-
dedans, vous tirés un demi Coup
en Quarte fur les Armes, pour
lors l'Adverfaire pare de Tierce,
& marche fur vous pour tirer Seconde, vous relevés le haut du
corps, & vous tirés Quarte en-
dedans, le Coup fe trouve frappé & paré en même temps. On
peut fur le même Coup, marquer
une Feinte de Quarte en-dedans,
pour tirer Quarte fur les Armes.

Il arrive encore, fur le même Coup, qu'après avoir tiré un demi Coup, comme il eft dit ci-deffus, l'Adverfaire, en marchant, lie votre fer, & vient fur vous à bras racourci; pour évirer cet inconvénient, il faut après avoir tiré votre demi Coup, relever le haut du corps & tromper la Parade comme au Contre de Tierce, pour lors le Coup fe trouve frappé fans rencontrer le fer.

# ARTICLE XI.

*Des Coups de Temps pour ceux qui quittent le fer, après avoir paré de Quarte, & lorsque la Parade n'est point sèche.*

Il faut, pour cet effet, avoir son fer engagé en Quarte sur les Armes & dégager Quarte en-dedans, & lorsque l'Adversaire vient à la Parade de Quarte, vous lui soutenés son fer, & au moment qu'il quitte le vôtre, vous relevés un peu le haut du Corps, & vous achevés votre Coup de Quarte, quand même l'Adversaire dégagerait, pour

tirer Quarte fur les Armes, le
Coup fe trouverait également jufte, comme auffi, s'il faifait un Coupé fur pointe.

Il faut obferver que, fur ce Coup
de Temps, fi l'Adverfaire parait
sèchement, & qu'il Ripoftât vi-
vement, en tirant le Coup ci-
deffus, il deviendrait Coup Fourré ; alors, il ferait plus utile d'a-
voir recours aux Parades, principa-
lement à celle du Contre de Quarte qui eft la meilleure pour la
Retraite.

# ARTICLE XII.

*Pour les gauchés.*

En fait des Règles, ce font les mêmes.

Il faut faire attention de l'engager dans le déffaut de la main, qui eft l'engagement de Quarte fur les Armes, alors la Parade du Contre devient une Parade séche, ou Défarmement.

Si par hazard le gauché ne fouffrait point l'engagement de Quarte fur les Armes, il ferait à propos de fe fervir du demi Contre qui ferait le même effet de la Parade du Contre.

Si vous êtes engagé en Quarte en-dedans les Armes, la Parade du demi Cercle devient également un Désarmement, en ce qu'elle prend le déffaut de la main de l'Adverfaire.

On peut cependant fe fervir des Parades Simples, quand le gauché tient le poignet bas & la pointe haute.

Tels font, en racourci, les Principes Généraux les plus fûrs dans les Armes ; le point le plus effentiel, eft de les poffséder à fond pour les pratiquer avec juftesse.

# ARTICLE XIII.

## *Des Faux Coups.*

JE n'ai jusqu'ici nullement fait men-
tion des Bottes de Flanconade,
de Quarte baſſe, non plus que des
voltes & du lâchement de pied
gauche qu'on appellait, dans le
jeu ancien, Bottes de nuit, Coups
qui pouvaient alors avoir lieu,
par rapport à la façon de tirer.

L'occaſion la plus favorable de
tirer Flanconade eſt en Ripoſte.
A l'attaque, il eſt plus dangéreux
d'en faire uſage. L'on ſuppoſe
que celui qui a attaqué ſe re-

leve l'Epée engagée en Quarte
dans les Armes, le bras à peu près
tendu & n'oppofant qu'un poignet faible, l'on peut alors ri-
pofter d'une Flanconade ; ce Coup
fe peut parer de trois façons ;
la meilleure & la plus fûre c'eft, lors
du liement d'Epée, de tourner le
poignet de Tierce en le baiffant
un peu, le Coup fe trouve ainfi
paré & frappé. L'on peut encore
éviter cette Ripofte en parant d'Octave ; mais comme ce Coup vient
un peu de force, on ne peut guères
parer de cette façon, fans faire un
écart qui ôte l'avantage du paré
& frappé au même inftant, & du
même mouvement comme dans la
première

première façon. Mais aussi, en parant ainsi, le poignet se trouve
plus disposé à revenir au demi
Contre, en cas que l'on ne mar-
quât que la Feinte de Flanconade,
pour revenir Quarte haute en-dedans des Armes. Une troisiéme façon de parer Flanconade, c'est
lorsque celui qui la tire, la force;
alors, par un liement d'Epée au-
quel il vous oblige, son fer se
trouve ramené en Quarte; mais
cette Parade a plus lieu lorsque la
Flanconade est tirée d'attaque,
parce que, comme à la Riposte,
l'on est plus près l'un de l'autre,
la Parade qui doit faire le tour
de l'Epée n'a pas le temps de fai-

I

re son effet, & l'on risque d'être frappé lorsque l'on s'en sert quand la Flanconade est tirée de Riposte.

La Quarte basse n'est pas moins dangéreuse à l'attaque qu'à la Riposte, & si elle a été encouragée par la réussite, ce n'est pas que ceux qui l'ont mis en usage, n'aïent eu l'occasion de se repentir de s'en être servis. Elle se tire dans le cas d'une garde haute; on feint de tirer haut, & l'on tombe en Quarte basse, en faisant sortir le Corps de la ligne, pour éviter de se mettre le fer de celui contre qui l'on la tire, dans les yeux ou dans le visage; ce qui arrive néanmoins bien souvent, malgré les précau-

tions. On pare cette Botte d'Octave & le frappé se trouve en
même temps.

Mon dessein, en parlant de ces
deux Bottes, est plutôt d'ensei-
gner à les combattre, que de con-
seiller de les mettre en usage ; elles sont naturellement fausses & du
plus grand danger pour celui qui
s'en sert. Il est tant d'autres Coups
justes, brillans & sur lesquels il
n'y a pas le moindre danger, qu'en
vérité, il n'y a qu'une personne sans
goût qui puisse se déterminer à s'en
servir.

Dans le jeu ancien, l'on faisait
usage du volté, parce que l'on tirait la Quarte dans les Armes, le

corps beaucoup renversé ; les Dégagemens, en partant, se faisaient sur la même hauteur, & l'on tirait toujours du fort au faible, au moïen de quoi le volté pouvait réussir ; mais présentement que l'on fait tirer, le corps droit, de volée, & en coupant sous le poignet, le volté ne peut occasionner que des Coups Fourrés.

Quant au lâchement du pied gauche, dit *Botte de nuit*, l'occasion de se servir de ce Coup était lorsque l'on tirait Tierce ; l'on ne connaissait pas alors la Quarte sur les Armes, & l'on tirait, le poignet renversé, les ongles en bas, dés qu'il était question de

tirer en-dehors ; la Garde était baffe , les Epées courtes , le provo-
qué faififfait l'inftant où fon Adverfaire lui tirait Tierce ; alors lâchant le pied gauche , il baiffait
le corps , en pofant la main gauche à terre , & tournait la main de
l'Epée dans la figure de Seconde ;
il réfultait de là que celui qui at-
taquait fe jettait fur l'Epée de fon
Adverfaire fur la tête de qui la
pointe de la fienne paffait à plus
d'un pied au-deffus.

Qui croirait que de pareils Coups
d'Armes , ou d'autres pour le moins
auffi mauvais dans ce genre , ont
été enfeignés par différens Maîtres
& donnés pour *Bottes Secrettes ?*

Je ne parlerai point du *Combat de la Lance*, de la *Broche*, du *Manteau de Girard*, des *Lanternes d'Angelo*, &c. La plus grande partie des Maîtres qui ont écrit sur la Science des Armes, n'ont que trop vanté ces prétendues *Bottes Secrettes*, & l'on peut dire que des éloges de cette nature ne peuvent tout au plus que dégrader le jugement de ceux qui les donnent.

Je souhaite que les Amateurs, pour qui j'écris me rendent la justice de croire que j'ai moins cherché à briller qu'à instruire. Mon dessein a été de prouver la possibilité de mettre en moins d'une

année un Ecolier en état , non feulement de déffendre fa vie , mais
même d'enfeigner un Art qu'il n'eft
pas fi difficile d'exercer qu'on le
veut bien faire croire. Si ce que je
dis paffait dans l'efprit de quelques
gens prévenus pour un problême
impoffible à réfoudre , je me charge
d'en donner la folution , toutes les
fois que l'on voudra bien fe confier
à moi.

## F I N.